Il Cagnolino dal Naso Storto

scritto da

Emily Bellefeuille

illustrazioni di

Kendall R. Hart

Il Cagnolino dal Naso Storto

Scritto da @ Emily Bellefeuille

Tutti i diritti riservati.

ISBN-978-0991135332

Stampato negli Stati Uniti di America.

Arte e disegno di @Kendall R. Hart

Per Mamma, Papà, Audrey e tutti i miei famigliari ed amici che mi hanno supportato.

Un ringraziamento speciale a Marianna Valente, Demetrio Natoli e Kendall R. Hart che mi hanno aiutato a far si che le mie idee divenissero realtà.

"Un cane è l'unica cosa sulla terra che ama te più di se stesso."

-- Josh Billings

Ciao! Io sono Dexter e lasciatemelo dire, sono un cagnolino fortunato! Comunque, non sono stati sempre giocattoli e delizie per me...

La mia prima famiglia non potendo più prendersi cura di me, mi abbandono' in un vicolo. Non sapevo cosa avessi fatto di sbagliato. Avevo un naso storto e non sembravo come gli altri cani. Ero anche un bel po' arruffato.

Un uomo simpatico, la sua moglie ed il loro cane Rocky mi trovarono abbandonato in un vicolo. Non erano al corrente che la mia famiglia non mi voleva più e dunque iniziarono a cercarla. Mi comprarono un guinzaglio e mi portarono a spasso nel quartiere.

Parlarono con molte persone per sapere se mi conoscessero oppure se mi avessero visto prima. Questi, non facevano altro che girarsi dall'altro lato quando vedevano il mio naso storto.

Stavano per rinunciare, quando ad un tratto videro una signora che annaffiava i fiori nel proprio giardino. L'uomo simpatico che mi aveva trovato ando' dalla signora e le chiese se mi avesse mai visto. "No, non l'ho mai visto," disse la simpatica signora, "ma attenda qui un minutino." La signora così scomparve.

Passo' un po' di tempo e iniziammo ad allontanarci, quando tutto ad un tratto, la signora usci' nuovamente con un uomo.

La signora guardo' giù verso di me e disse: "Ciao piccoletto! Se tu andrai d'accordo con i nostri due cani ci occuperemo di te finchè non troveremo i tuoi padroni." Apri' il cancello del suo giardino ed entrammo tutti.

Tutto ad un tratto questi due Puggle pazzi e marroni vennero dritti verso di me!

"Questi sono Bruno e Hank," disse la simpatica signora. Volevo essere ben voluto da questa nuova signora ed i suoi cani. Forse non se ne accorgeranno del mio naso storto.

"Questo piccolo cane ha un naso storto," l'uomo nuovo esclamò ridendo, "che cane buffo!"

Diventai molto triste, volevo essere ben voluto anche da questo nuovo padrone.

Così iniziai a giocare con gli altri cani e gli dimostrai che potevamo andare d'accordo. Non volevo che lui mi rimandasse via per il mio naso storto.

"E' stato molto bello conoscerti," dissero i signori che mi avevano trovato. "ma noi ti lasceremo qui finchè non si troverà la tua famiglia."

Mentre mi diedero i loro adii, pensai, *E se non piaccio ai nuovi padroni ed anche loro mi abbandonano?*

La bella signora disse, "Io sono Emilia e questo è Daniele. Noi ti aiuteremo a trovare la tua famiglia, ma finchè non li troveremo tu potrai condividere la nostra casa con noi e noi avremo cura di te."

"Siccome non sappiamo il tuo nome, noi ti chiameremo Dexter," disse Daniele.

Potrai chiamarmi con il nome che vuoi, pensai, Vorrei solo essere accettato e non sentirmi più solo.

"Cos'è successo al tuo naso?" chiese Bruno.

"Non lo so, immagino che sono nato così," Dexter rispose timidamente.

"Non fa niente, Dexter," disse Hank. "Nessuno è perfetto. Guarda i miei denti buffi! Mamma dice che sono le nostre differenze che ci rendono speciali!"

Sorrisi.

In un batter d'occhio io, Bruno e Hank ci stavamo divertendo tanto, giocando insieme. Emilia giocava a riporto con me ed era molto colpita che le riportavo la palla. Pensai che le piacessi tanto ed a me questa famiglia piaceva tanto.

   Finito di giocare, avevamo molta fame. Entrai dentro e notai solo due ciotole per terra.
   "Ecco qui, Dexter, condivido con te la mia porzione."
Bruno spinse la ciotola davanti a me. Ero così felice perché affamatissimo.
   Mangiai a fianco dei miei nuovi amici e poi andammo tutti a letto.

Il giorno successivo Emilia e Daniele andarono ad attaccare dei cartelli per strada per poter trovare la mia famiglia.
Passarono un po' di giorni senza nessuna chiamata, ed io mi stavo abituando alla mia casetta temporanea.

Poi un giorno, vidi Emilia chiudere una telefonata. Mi disse: "Dexter, era il tuo padrone. Ti vuole rivedere."
Daniele mi mise il guinzaglio e poi iniziammo ad incamminarci per strada.

Vidi una donna che camminava verso di noi. Quando ci avvicinammo, la riconobbì; faceva parte della mia famiglia! Cominciai a correre verso di lei, ma lei non si chinò per accarezzarmi.

Lei disse che non poteva più prendersi cura di me e che dovevo trovarmi una nuova famiglia. Si girò e si è allontanò, lasciandoci lì.

Iniziammo ad incamminarci verso casa e mi resi conto che Emilia e Daniele non sapevano bene cosa fare.

Invece di portarmi a casa, Emilia mi lasciò in un posto molto strano, dove ero circondato da tanti altri cani.

   La signora che lavorava in questo posto mi prese in braccio e mi mise su di un tavolo e poi tirò fuori un giocattolo grigio che faceva tanto rumore. Guardai giù e vidi cadere tutti i miei peli per terra. Quando finì, mi mise in una ciotola enorme per cani e poi iniziò a versarmi acqua addosso!
   Cosa faceva?!?! Pensai.
   Ad un tratto, tirò fuori un nuovo giocattolo, ugualmente rumoroso , ma questo mi sparò aria calda!

Quando finì, mi mise per terra davanti ad uno specchio. Aveva tagliato via tutti i miei peli arruffati! Devo ammettere, *facevo una grande figura!*

Giocai con gli altri cani e realizzai che Emilia non era ancora tornata.

Gli altri cani andarono via con le loro famiglie ed io iniziai a sentirmi solo quando ad un tratto sentì bussare alla porta.

Era Emilia!

La signora la lasciò entrare ed Emilia mi prese tra le sue braccia dicendomi quanto fossi bello con il mio nuovo "taglio di capelli".

"Dexter," disse, " tu abiterai con noi adesso. Daniele ed io saremo i tuoi nuovi mamma e papà e Bruno e Hank saranno i tuoi fratelli. Ecco il tuo nuovo collare!"

    Appena arrivammo alla mia nuova casa, iniziai a giocare con i miei nuovi fratelli nel giardino. Era così bello sentirmi voluto ed amato.

    E così ricordatevi...Potrete avere un naso storto. Potrete avere denti buffi. O forse avete bisogno soltanto di un nuovo taglio di capelli ed un bagnetto. Ma finchè avrete l'amore, avrete sempre una famiglia.

Fine.

www.ingramcontent.com/pod-product-compliance
Lightning Source LLC
Chambersburg PA
CBHW041231040426
42444CB00002B/121